je lis Pas à Pas avec Téo et Nina

Le frère préféré de Nina

Texte de Isabelle Chavigny
Illustrations de Marie-Hélène Van Tilbeurgh

Hatier

Prépare ta lecture

Lis le nom des personnages de l'histoire.

Téo

Nina

Mona

Choco

Lis les mots et trouve le dessin correspondant.

un rôti　　**un** radis

une crème caramel

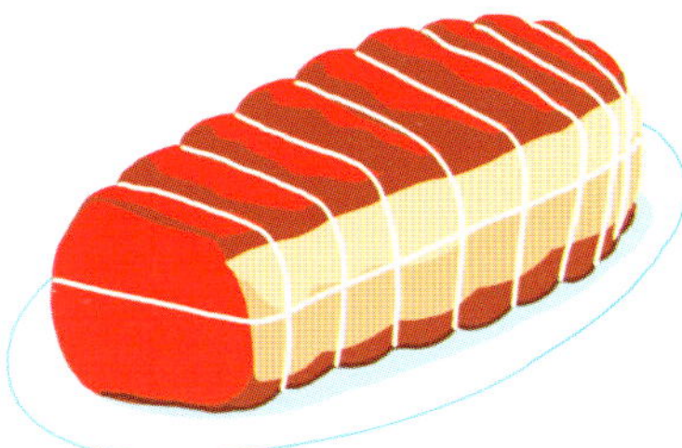

Lis les syllabes.

che	chu	cho	chai	chou
tre	trè	tro	trai	trou

Lis les mots avec la lettre e qui fait le son è.

une assiette (è) — **un** dessert (è)

vert (è) — merci (è)

Lis les mots avec les lettres qui font le son é.

finiss**ez** (é) — appel**er** (é) — **un** d**es**sert (é)

Lis les phrases en faisant les liaisons.

V**ou**s êtes difficiles !

Il pose s**on** assiette.

Ce midi, il y a du rôti

avec d**es** haricots verts

et d**es** carottes.

Téo n'**ai**me pas trop **les** carottes.

Nina n'aime pas trop les haricots verts. Ils font traîner le repas.

– Les haricots verts
et les carottes apportent
des vitamines, assure Mona.

– Je préfère **les** radis ! dit Nina.

– Je préfère **les** tomates !

dit Téo.

– Vous êtes trop difficiles !
Finissez vite votre assiette !
é
ordonne Mona. Sinon pas de
crème caramel pour le dessert !

Mona se lève. Nina profite de son départ pour appeler Choco.

– Choco ! murmure Nina.

Choco s’approche. Nina jette

ses haricots par terre.

Choco les avale d'**un cou**p.

Il lè**ch**e même le sol.

Téo tr**ou**ve Nina très maline.

Il appelle Choco p**ou**r l**ui** donn**er**

s**es** carottes.

Mais Mona est déjà de retour avec le dessert. Téo repose son assiette.

– Bravo Nina ! Tu as **tou**t fini !

Alors Téo ? **Et ces** carottes ?

Téo se force à finir s**es** carottes.

Il ne dit pas **un** mot d**es** haricots

que Nina a donnés à Choco.

– Bravo Téo ! dit Mona.

– Merci Téo ! Tu **es** m**on** frère préféré ! l**ui** **ch**u**ch**ote Nina.

Raconte l'histoire

Lis à plusieurs, comme au théâtre.

Mona : Les haricots verts et les carottes apportent des vitamines.

Nina : Je préfère les radis !

Téo : Je préfère les tomates !

Mona : Vous êtes trop difficiles !
Finissez vite votre assiette !
Sinon pas de crème caramel pour le dessert !

Nina : Choco !

Écoute et découvre : les légumes.

Pour être en bonne santé, il est important de manger des légumes tous les jours. Certains légumes peuvent se manger crus comme les tomates et les radis.
D'autres doivent être cuits comme les haricots verts et les poireaux.
Si tu n'aimes pas trop les légumes, essaie de les manger en soupe, en purée, en tarte ou en beignet !

Exprime-toi.

Quels sont tes légumes préférés ?
Quels sont les légumes que tu détestes ?

Connais-tu le nom de ces légumes ?

Réponses : A. chou-fleur, B. endive, C. courgette, D. poireau, E. brocoli, F. betterave, G. navet, H. aubergine, I. poivron.

Les lettres et les sons à connaître pour lire les aventures de Téo et Nina

	Niveau 1	Niveau 2	Niveau 3	Niveau 4
les « sons-voyelles »	a , i, o, u, e, é, è, ê	+ e (è), y, ou, on, ai	+ er, ez, ei, eu, an, en, in, au, eau, oi	+ oin, ain, ein, ien, ail, eil, euil, ouil
les « sons-consonnes »	b, d, f, j, k, l, m, n, p, r, s (s), t, v, z	+ c (k/s), q, ch, s (s/z), br, cr, dr, fr, pr, tr, vr	+ ç, w, x, ph, t (s), g (j/g), gr, gl, cl, bl, fl, pl	+ gn, phr, ch (k)

Collection de romans «**Je lis Pas à Pas**»

1. Le chat de Téo et Nina a disparu ; 2. La cabane de Téo et Nina ; 3. Nina et le pirate de la piscine ; 4. Téo et Nina au cinéma ; 5. Téo et Nina cuisiniers ; 6. À la douche, Téo ! ; 7. Nina a des lunettes ! ; 8. Téo et Nina et la porte interdite ; 9. Téo est malade ; 10. En forêt avec Téo et Nina ; 11. Vive les sportifs Téo et Nina ! ; 12. Téo et Nina et la pyramide de purée ; 13. Téo et Nina et la liste de Noël ; 14. Téo et Nina à l'école de ski ; 15. Le caneton de Téo et Nina ; 16. Téo et Tornado ; 17. Le bonhomme de neige de Téo et Nina ; 18. L'extraordinaire anniversaire de Téo et Nina ; 19. Téo et Nina à la ferme ; 20. Le spectacle de Téo et Nina ; 21. Étrange découverte pour Téo et Nina ; 22. La drôle de rentrée de Téo et Nina ; 23. À l'aéroport avec Téo et Nina ; 24. Téo et Nina vont en Italie ; 25. Téo et Nina à dos d'âne ; 26. Téo à moto ; 27. Téo et Nina dans le bus ; 28. Téo et Nina au zoo ; 29. Téo et Nina se disputent ; 30. Téo à l'hôpital ; 31. Téo et Nina sortent Choco ; 32. Le papi de Téo et Nina fait la sieste ; 33. Téo est puni ; 34. Le père Noël de Téo et Nina ; 35. La petite souris de Téo et Nina ; 36. Téo a des poux ; 37. Téo et Nina font le tri ; 38. Le pique-nique de Téo et Nina ; 39. Chevalier Téo et Princesse Nina ; 40. Téo et Nina en Égypte ; 41. Téo et Nina déménagent ; 42. La randonnée de Téo et Nina ; 43. Des barbes à papa pour Téo et Nina ; 44. Le frère préféré de Nina

Conception graphique et mise en page : graph'm www.agence-graphm.com

© Hatier - 8 rue d'Assas, 75006 Paris – 2021 – ISBN : 978-2-401-07760-7

Achevé d'imprimer par Clerc à Saint-Amand-Montrond – France
Dépôt légal : 07760 7 / 01 – juillet 2021